AF299562

ADVIS
DE LA PART
DV ROY D'ANGLETERRE

Aux Habitans de la Rochelle.

Sur les affaires de ce temps.

A PARIS,

Suiuant la Coppie Imprimée à Fontenay,
se Compte par Pierre Petit-Iean, Impri-
meur ordinaire du Roy en ladicte Ville.

M. C D. XX.

A PARIS

M.DC.XX.

ADVIS
DE LA PART
DV ROY D'ANGLETERRE

Aux Habitans de la Rochelle.

MESSIEVRS,
Le dire d'vn An-
tié Grec, est que
la cholere des
hommes com-
muns est comme vn esclair, ou
comme vn feu de chausme, mais
que la cholere & indignation
des Roys est bien autre, elle est
comme vn tonnerre & feu gre-
geois, lequel ne s'esteinct iamais
contre leurs subiects que premi-
erement ils ne recognoissét l'e:

stroitte obligation qu'ils doyuët
à leurs Maichez, & qu'ils ne sa-
tisfaçent à ce que dont ils sont
obligez, tant par leurs Edicts &
Ordonnances que par autre de-
uoirs, puis qu'ils sont comme
substituts, & Lieutenans du Souuerain Createur, Dominateurs
en ce bas Vniuers, qui comme
clairs & reluisans flambeaux ont
le pouuoir absolu de guider, &
conduire leurs Peuples par le sen-
tier des bonnes mœurs, en la
crainte & amour du Souuerain
Seigneur.

Il n'y a chacun de vous Mes-
sieurs, qui ne doibuent auoir v-
ne recognoissance de soy mes-
me, & se remettre deuant les y-
eux, la crainte & l'honneur que

5

vous debuez à ceste puyssance souuerainne, & celle aussi qui speciallement accompagne la Royalle *Maiesté*, appuie & soutient le Sceptre en la main de vostre Roy, lequel à cette puyssance sur vous immediate-ment du Seigneur, de vous ob-liger, à entretenir l'obseruation de ces loix et ordonnances.

l'Histoire fabuleuse de deux grands Geans destenus es paines infernalles, lesquels auoient bié estez si olez que d'atenter, à ro-pre de leurs mains, le Ciel mes-me (l'ordinaire demeure du grand Iuppiter) vous donne alés à entendre de quelque de-gré d'honneur, Estat, Auctho-rité, Puyssances, ou grandeur

que vous puyssiez estre : qu'il
ne nous faut iamais tant oublier
que de vous esleuer et desobeyr
tant soy peu contre la toute
puyssance de la *Maiesté du Sou-*
uerain Eternel.

Et ce mesme propos Messi-
eurs, peut aussi merueilleuse-
ment seruir, aux bons suiects
d'vn Roy, pour les maintenir
en paix, tranquilité, & obeyssan-
ce : & les garder de murmure,
& rebellion contre ses Edicts &
commandemens, s'ils se resou-
uiennent que sa puyssance & au-
thorité est ordonnee et aprou-
uée du Seigneur.

Si bien que tout ainsi que
quiconque se bande contre le

pouuoir de ce Seigneur, quelque grand Seigneur qu'il puis-
sent estre, sera indubitablement
tost ou tard puni par sa iuste ven-
gance.

Aussi quiconque n'obeist
& enfraint les ordonnances &
commendemens des Rois, se
trouuent en fin rigoureusement
corrigez & repreins. Ores que
bien souuent pour quelque
temps les Rois dissimulent leur
colere, au subiect de la des o-
beissance de leurs subiectz, tou-
tefois (comme chante Homere
en ses vers) la resouuenance leur
en demeure fidellement, ius-
ques à ce qu'vne iuste punition
s'en soit ensuyuie.

Darius fils d'Hystaspis Roy de
Perse, qui ayant ouy les nouuel-
les que les Atheniens s'estoient
rebellez contre ces commandemens & ordonnances, en la ville
de Sardes, capitalle de Lydie, il
conceut vn tel desplaisir & con-
treccœur, que prenant son arc en
main, attaindant dessus vne fle-
che, & l'entoysant & deschochant
cotre le Ciel, il dit ainsi: O Dieux
donnez moy pouuoir de me vã-
ger des Atheniens: puis com-
manda à l'vn de ses domestiques
que toutes & quante fois qu'il le
verroit à table, & prenant son
repas, il ne faillit de luy ramen-
teuoir à haute voix, & par trois
fois certe parolle, SIRE, *souue-*
nez vous des Atheniens.

Vne

¶ Vne pareille & semblable
chose s'obseruoit encore de mar-
tin à son resueil, car vn des va-
lets de chambre, le faisant resou-
uenir du deuoir de sa charge,
en luy disant hautement, leuez-
vous SIRE, & donnez l'ordre à
vos affaires, pour lesquelles le
grand Orosmades vous a establi
Roy, mais Darius fut le premier
qui peruertit ceste coustume, &
la transporta à son couroux, &
de crainte qu'il ne vint à s'adou-
cir auec le temps, qui est le pere
de l'oubly, & enseuelit à la fin
toutes choses; il falloit rallumer
la cholere par tels publicques
& iournaliers aduertissemens
qu'il luy incitoient à la vengeance la

Tout au contraire de Darius,
vous auez vn Roy qui á veu par
longues années, non seullement
vne ville ou prouince, ains les
quatre coings de son Royaume
en feu, & allumé au grand mes-
pris de son Auctorité Royalle,
á la ruine & desolation de son
Estat, & qui apres auoir rassere-
né et rendu calme son Royaume
de tous troubles, auroit faict pa-
roistre vn Esclat de sa clemence
& misericorde, estant aussi propt
à pardonner qu'a chastier.

Ceste rare Clemence & debon-
naireté Royalle, vous doit tant
plus obliger à luy estre dautant
plus fidelles subiets & seruiteurs,

& pour chofe quelconque n'y
pretexte que ce puiffe eftre, ne
defobeir à ces commédements.

Ceft pourquoy ie vous femons
& vous coniure, de la part de
Monfeigneur et Maiftre, de vous
départir de toutes affemblees
quelconques, pour quelque af-
faire que ce foit, veu que la Ma-
iefté de voftre Roy ny ces Edifts
et ordonnances ne vous le per-
mettent, Car fi vous perfeuerez
en icelles fans doute vous encou-
rerez vne difgrace qui ne vous
pourroit pas eftre fi toft pardon-
née, ceft aquoy ie vous fuplie de
confiderer, et que dautre cofté
vous ne trouuerriez perfonne

quelconque qui vous voulust
maintenir ou soustenir en vostre
desobeissance, puisque les Rois
ne sont que protecteurs de la Iu-
stice.

FIN.